孩子读得懂的

古文观止

春秋故事

（清）吴楚材 ◎ 编选
（清）吴调侯 ◎ 编选
洋洋兔 ◎ 编绘

北京理工大学出版社
BEIJING INSTITUTE OF TECHNOLOGY PRESS

版权专有　侵权必究

图书在版编目（CIP）数据

孩子读得懂的古文观止：全6册/（清）吴楚材，（清）吴调侯编选；洋洋兔编绘．－－ 北京：北京理工大学出版社，2024.3
　ISBN 978-7-5763-3506-4

Ⅰ．①孩… Ⅱ．①吴… ②吴… ③洋… Ⅲ．①《古文观止》- 儿童读物 Ⅳ．① H194.1

中国国家版本馆 CIP 数据核字 (2024) 第 044822 号

| 责任编辑：张　萌　　李慧智 | 责任印制：王美丽 |
| 责任校对：刘亚男 | 文字编辑：申玉琴 |

出版发行 / 北京理工大学出版社有限责任公司
社　　址 / 北京市丰台区四合庄路 6 号
邮　　编 / 100070
电　　话 /（010）82563891（童书出版中心售后服务热线）
网　　址 / http://www.bitpress.com.cn

版 印 次 / 2024 年 3 月第 1 版第 1 次印刷
印　　刷 / 朗翔印刷（天津）有限公司
开　　本 / 880mm×1230mm　1/32
印　　张 / 18
字　　数 / 780 千字
定　　价 / 198.00 元（全 6 册）

图书出现印装质量问题，请拨打售后服务热线，本社负责调换

目录

| 4 | 听编书者讲什么是《古文观止》 |

6	郑伯克段于鄢
17	臧僖伯谏观鱼
22	曹刿论战
29	齐桓公伐楚盟屈完
36	宫之奇谏假道
43	介之推不言禄
48	烛之武退秦师
55	蹇叔哭师
61	季札观周乐
68	子产论政宽猛
73	召公谏厉王止谤
79	里革断罟匡君
84	叔向贺贫
89	春王正月

听编书者讲什么是《古文观止》

大家好！我叫吴乘权，字子舆，号楚材，清代浙江人。你们可能不认识我，但一定在《古文观止》的封面上看到过我的名号。没错，我和我的侄子——吴调侯正是《古文观止》的编者。

小时候的我和你们一样，有远大的理想。在我们那个时代，书籍分为经、史、子、集四类。我希望自己能把史部的书籍完整读一遍，可惜的是我天资不高，甚至感觉有点儿笨拙，在阅读的过程中不能立刻理解，要揣摩好久，好不容易理解了当前的句子，前面的又忘记了。而且我识字不多，总要查阅工具书，经过考证才能知道其中的意义。

但我热爱历史，为此还想游历天下，搜集各种地方志、实录和史籍，并对其中记载的地方做实地考察。然而，这个梦想在我十六岁的时候破灭了，我患上了腿部疾病。但我不会因此放弃自己的人生，病多久那就读多久的书！

几年后病愈的我去参加科举考试，很遗憾，没考中。既无显赫的家庭背景，又没有万贯家财，尽管有我族叔接济，但总得自力更生、艰苦创业。于是，我和吴调侯给人做过幕僚，又当过私塾先生。

康熙三十三年（1694年），我俩共同编成了《古文观止》一书。全书共十二卷，收录了东周到明代的文章二百二十二篇。

"观止"是表示尽善尽美的意思。那延伸一下，"古文观止"指的就是书中所收录的文章代表文言文的最高水平，学习文言文看这本书足够了。这样说，我是不是太自信了？

有人说我编的这本书不是从文人的角度考虑，只注重文学性和艺术性，反而适合做教材。实际上，这本书是我和吴调侯一边教书，一边编写的，肯定会受到传道授业解惑的影响。这不，在我之后的三百多年，书里的多篇文章反复出现在你们的课本里，比如《曹刿论战》《捕蛇者说》《陋室铭》《师说》《桃花源记》《醉翁亭记》等。

古文琳琅满目，美不胜收，辑选文章的人每朝都有，而且选本越来越多，各有优劣。我和吴调侯不敢说辑选古文，只是收集古今选本，查漏补缺，有差错的及时订正。各选本都是编选者深思熟虑、探究古文的精妙之处而编定，读者读了这本错过那本，可能会遗漏一些美文；如果阅读全部选本，又会很疲劳。这就是我们俩进行再编选的原因。

你们的时代，也许会觉得我们的工作有不足之处，这是正常的。只要《古文观止》能让你们看到古文的精妙，体会到阅读的乐趣，感受到古人的情怀，我这一生足矣。

洋洋兔的小提示

我们摘录了清代吴楚材、吴调侯编选的《古文观止》中八十多篇千古传诵的文章，配以富有时代韵味的漫画，专门为孩子们打造了一套《孩子读得懂的古文观止》。全书分《春秋故事》《战国智谋》《汉晋风云》《大唐气象》《北宋胜景》《宋明理想》六册，让孩子们轻松阅读，畅享古文之美。

郑伯克段于鄢(yān)

◉ 多行不义必自毙

出处 《左传》
作者 左丘明
创作年代 春秋
坐标 《古文观止》卷一

助学小贴士

  《郑伯克段于鄢》是《古文观止》的第一篇,它描述了一个匪夷所思的故事,简直比小说还要精彩。不过,这却是一件真实发生过的历史事件。春秋时期,周王朝实力大减,由王室宗亲建立的各诸侯国之间展开了残酷的战争,它们内部的权力争夺也风起云涌,为了得到王位,骨肉至亲也会成为生死仇敌……

朗读原文

初,郑武公娶于申,曰武姜,生庄公及共叔段。庄公寤生,惊姜氏,故名曰"寤生",遂恶之。爱共叔段,欲立之。亟请于武公,公弗许。

实时翻译

当初,郑武公娶了申国一名姓姜的女子当妻子,后来大家叫她武姜,她生了两个儿子,就是后来的庄公和共叔段。庄公出生时是脚先出来的,吓坏了武姜,所以给他取名"寤生",并且因此不喜欢他。武姜偏爱另一个儿子共叔段,想立他为世子,以后继承君位,她向武公求了好多次,武公都不同意。

7

朗读原文

及庄公即位,为之请制。公曰:"制,岩邑也,虢叔死焉,他邑唯命。"请京,使居之,谓之京城大叔。祭仲曰:"都城过百雉,国之害也。先王之制:大都不过参国之一,中五之一,小九之一。今京不度,非制也,君将不堪。"公曰:"姜氏欲之,焉辟害?"对曰:"姜氏何厌之有!不如早为之所,无使滋蔓。蔓,难图也。蔓草犹不可除,况君之宠弟乎!"公曰:"多行不义必自毙。子姑待之。"

实时翻译

等到庄公继承了君位,武姜请求他把一个叫制的地方分封给共叔段作为领地。庄公说:"制是一个险要的城邑,从前虢叔就死在那里。如果去其他城邑,我都听您的。"武姜又请求把京邑封给共叔段,庄公同意了,于是就让共叔段去了那里,人们称他为京城太叔。

分封的城邑的围墙长度如果超过三百丈，就会成为国家的祸患。从前的制度规定，大的城邑围墙长度不能超过国都的1/3，中等城邑不能超过1/5，小城邑不能超过1/9。现在京邑的围墙规模已经不合法度，违背了先王的规定，这样下去恐怕对您很不利啊。

是姜氏想这样的啊。我该怎么做才能避免出问题呢？

姜氏怎么可能有满足的时候？不如及早做出安排，给他换一个地方，不再给他发展的机会，再这么下去就难对付了。蔓延生长的野草都不容易铲除干净，何况是您那受宠的弟弟呢？

不义的事情做多了必然会自取灭亡。你暂且等着瞧吧。

朗读原文

既而大叔命西鄙、北鄙贰(bǐ)(èr)于己。公子吕曰："国不堪贰，君将若之何？欲与大叔，臣请事之；若弗与，则请除之，无生民心。"公曰："无庸(yōng)，将自及。"大叔又收贰以为己邑，至于廪(lǐn)延。子封曰："可矣。厚将得众。"公曰："不义不昵(nì)，厚将崩(bēng)。"

实时翻译

没多久，太叔段命令西部和北部的边境城邑既要听命于庄公，也得听命于自己。

一个国家不能有两个国君，您现在打算怎么办？如果您打算把郑国交给太叔，那我现在就去侍奉他；如果不给，那就请您除掉他，不要让臣民生出二心。

用不着，他会自取灭亡的。

不久，太叔又把之前那些既听命于庄公也听命于自己的边境城邑全变成了归自己统辖，还将领地扩展到了廪延。

可以了吧！领土再这么扩大下去，他会得到更多百姓拥护的。

他对君主不忠，对兄长无情，百姓就对他不亲，领地扩大反而会加速他的垮台。

朗读原文

大叔完聚,缮(shàn)甲兵,具卒乘(shèng),将袭郑。夫人将启之。公闻其期,曰:"可矣!"命子封帅车二百乘以伐京。京叛大叔段。段入于鄢,公伐诸鄢。五月辛丑,大叔出奔共。

书曰:"郑伯克段于鄢。"段不弟(tì),故不言"弟";如二君,故曰"克";称"郑伯",讥失教也;谓之郑志,不言"出奔",难之也。

实时翻译

太叔段加固城防,囤积粮草,修缮武器,招兵买马,准备偷袭郑国都城。武姜打算作内应打开城门接应他。庄公得知太叔段偷袭的日子后,说:"可以了!"随即命令公子吕率领二百乘兵车讨伐京邑。京邑的百姓背叛了太叔段。太叔段逃到鄢城。庄公又派兵到鄢城讨伐。五月二十三日,太叔段逃往共国。

《春秋》中记载:"郑伯克段于鄢。"意思是说共叔段不尊敬兄长,所以说他是"段"而不说他是"弟"。兄弟二人如同两个国君一样争斗,所以用"克"字。把庄公称为"郑伯",是讥讽他对弟弟教导无方,也表明这是庄公的本意。赶走共叔段是出于郑庄公的本意,便不写共叔段自动"出奔",含有责难郑庄公的意思。

朗读原文

遂置姜氏于城颍(yǐng)，而誓之曰："不及黄泉，无相见也。"既而悔之。颍考叔为颍谷封人，闻之，有献于公。公赐之食，食舍肉。公问之，对曰："小人有母，皆尝小人之食矣，未尝君之羹(gēng)，请以遗(wèi)之。"公曰："尔有母遗(yí)，繄我独无！"颍考叔曰："敢问何谓也？"公语之故，且告之悔。对曰："君何患焉？若阙(jué)地及泉，隧(suì)而相见，其谁曰不然？"公从之。公入而赋："大隧之中，其乐也融融！"姜出而赋："大隧之外，其乐也泄泄(yì)！"遂为母子如初。

君子曰："颍考叔，纯孝也。爱其母，施及庄公。《诗》曰：'孝子不匮，永锡尔类。'其是之谓乎。"

实时翻译

事后，庄公把武姜安置在城颍，并且对她发誓说："不到黄泉，不再相见！"说过之后没多久，庄公就后悔了。郑国有一个大夫叫颍考叔，是镇守颍谷边界的官吏。他听说这件事后，就到国都向庄公献礼。庄公宴请他，颍考叔却在吃饭的时候留着肉不吃。庄公问他为什么。

微臣有一个老母亲,我吃过的东西她都尝过,却从未尝过君王赏赐的肉羹,请您准许我带回去给她尝尝吧。

你有母亲可以侍奉,唉,唯独我没有啊!

请问您说这话是什么意思?

庄公把前因后果都告诉了颍考叔,也对他诉说了自己的悔意。

您有什么可担心的?只要从地道里挖出泉水,在这条地道中相见,谁还能说什么呢?

庄公听从了他的办法,走进地道去见母亲,唱道:"地道之中,快乐和睦!"武姜走出地道,唱道:"地道之外,快乐舒畅!"从此,他们母子二人和好如初。

君子说:"颍考叔是真正的孝子,他敬爱自己的母亲,又用这种孝心感化了庄公。《诗经》里写到:'孝心不尽不竭,永远能惠及你的同类。'这指的大概就是颍考叔这样的吧。"

多思考一点

武姜的偏爱让共叔段逐渐迷失了自我,贪婪的种子开始在他心中发芽,最终对国家忠诚、对兄长孝悌这些传统美德全都被他抛在脑后。多行不义必自毙!终于,共叔段付出了惨重的代价。可见,溺爱往往并不会给孩子带来幸福。

多知道一点

周朝实行分封制,爵位分为公、侯、伯、子、男五等,可以世袭。史书上称宋公、齐侯、郑伯,说明在周初分封的时候,宋、齐、郑各国国君的爵位分别是公、侯、伯。

作者信息

姓　　名:左丘明
名　　:姓丘,名明,因其父任左史官,故称左丘明
生 卒 年:约公元前502—约前422年
籍　　贯:鲁国之附庸小邾国
成　　就:为解析《春秋》而作《左传》,又作《国语》(作《国语》时已双目失明)。

多了解一点

《左传》

《左传》原名《左氏春秋》,汉代改称《春秋左氏传》,相传为左丘明所作。有人认为它是一部独立的历史著作,也有人认为它是左丘明根据《春秋》所作的编年史。《左传》按照鲁国先后十二位国君在位的年代,记载了公元前722年—前468年各国的重要史实,与《公羊传》《谷梁传》合称"春秋三传"。

臧僖伯谏观鱼

⚬ 国君的安分守己

出处 《左传》
作者 左丘明
创作年代 春秋
坐标 《古文观止》卷一

助学小贴士

有一年春天,鲁国的国君鲁隐公想去一个叫作棠的地方观赏渔人捕鱼,可他的臣子(也是他的大伯)臧僖伯认为,国君是百姓的榜样,不能由着自己的性子想干什么就干什么,特别是观赏捕鱼这种纯娱乐活动,不合国君身份,所以极力劝阻。不过,隐公最终还是找了一个借口出发了……

朗读原文

春，公将如棠观鱼者。臧僖伯谏曰："凡物不足以讲大事，其材不足以备器用，则君不举焉。君将纳民于轨物者也。故讲事以度(duó)轨量，谓之'轨'；取材以章物采，谓之'物'。不轨不物，谓之乱政。乱政亟(qì)行，所以败也。故春蒐(sōu)、夏苗、秋狝(xiǎn)、冬狩，皆于农隙以讲事也。三年而治兵，入而振旅，归而饮至，以数军实。昭文章，明贵贱，辨等列，顺少长，习威仪也。鸟兽之肉不登于俎(zǔ)，皮革、齿牙、骨角、毛羽不登于器，则君不射，古之制也。若夫山林川泽之实，器用之资，皂隶之事，官司之守，非君所及也。"

公曰："吾将略地焉。"遂往，陈鱼而观之。

僖伯称疾不从。

书曰："公矢(shǐ)鱼于棠。"非礼也，且言远地也。

实时翻译

春天,鲁隐公打算去棠地观赏渔人捕鱼。臧僖伯劝谏道:"凡是与祭祀、战争等重大国事无关的、不能用于制作礼器和兵器的物品,国君就不应对其予以重视。国君是要把民众纳入'轨''物'的领导人,他参与国家大事以端正法度就叫作'轨',他选取合适的材料制作礼器和兵器以显示它们的风采就叫作'物'。如果行事、取材不合乎轨、物,就叫乱政。屡屡乱政,国家就会败亡。春夏秋冬四季的狩猎活动,其实都是在农闲时节进行的军事演习。每三年一次的军事大演习结束后,军队回到国都后要进行整顿,并到宗庙宴饮庆贺,然后清点猎获的猎物。这时还要展现出车马、服饰、旌旗等纹饰图案,明确区分众人的贵贱、等级、长幼的次序,这都是讲究国之大事的威仪啊!鸟兽的肉不能拿来放到祭器里,皮革、牙齿、骨角和毛羽不能用来制作兵器,这样的鸟兽,国君就不去射取捕猎,这是自古以来就有的规矩!至于山林川泽中出产的制作一般器物的材料,都是应该由有关官吏按职分管理、让仆役们处理,国君是不应该涉足的。"

鲁隐公说:"我去那儿是打算巡视边境的。"于是就出发去了棠地,到了那里,他就让渔人捕鱼给他观赏。

僖伯推说生病了,没有随行。

《春秋》中有记载:"鲁隐公在棠地观看渔人陈列渔具捕鱼。"认为这是不合礼法的事,并且还指出了鲁隐公远离国都的过错。

思维导图

多思考一点　印度著名诗人泰戈尔曾说过:"如果一个人不把本职工作以外的事摆在次要的位置,他绝不能做好他的工作。"臧僖伯想表达的也正是这个意思。每个人在人生的不同阶段都会有不同的角色和职责,做好每个阶段的"本职工作",你的人生就成功了!

曹刿(guì)论战

○ 以少胜多的经典战役

出处 《左传》
作者 左丘明
创作年代 春秋
坐标 《古文观止》卷一；初中语文九年级下册

助学小贴士

齐襄公遭人暗杀身亡，齐国王位突然出现了空缺。齐襄公的两个儿子（公子纠和公子小白）不约而同地本着先到先得的原则，各自从鲁国和莒（jǔ）国急奔回齐国。公子小白先回来，当了齐国新君，也就是后来的齐桓公。鲁庄公因为护送公子纠回齐争王位，得罪了公子小白，导致齐国出兵进攻鲁国……

朗读原文

十年春,齐师伐我。公将战,曹刿请见。其乡人曰:"肉食者谋之,又何间(jiàn)焉?"刿曰:"肉食者鄙,未能远谋。"乃入见。问:"何以战?"公曰:"衣食所安,弗敢专也,必以分人。"对曰:"小惠未遍,民弗从也。"公曰:"牺牲玉帛(bó),弗敢加也,必以信。"对曰:"小信未孚(fú),神弗福也。"公曰:"小大之狱,虽不能察,必以情。"对曰:"忠之属也。可以一战。战则请从。"

实时翻译

齐国军队攻打鲁国。鲁庄公准备迎战,这时曹刿请求觐(jìn)见。曹刿的同乡劝他说:"那些当官的人自会谋划这件事,你又何必参与呢?"曹刿说:"他们那些人目光短浅,做不到深谋远虑。"说完便入朝去见鲁庄公了。

您打算凭借什么和齐国作战呢?

衣食这类安身立命的东西,我从来不敢一个人享用,总是把它们拿出来和大家分享。这样他们或许会感念我的恩德,愿意为我作战。

这种恩惠只给了少数人,没有遍及百姓,所以百姓不会为您卖命的。

祭祀用的牛羊玉帛等,我从不敢浮夸虚报,一定如实祷告,或许这样能够感动上苍,助我取胜。

这小小的诚信不会使神明信服,神明不会为您降福的。

大大小小的官司,我虽不能一一查清,但总是尽力按照实情处理。百姓没有受冤,可以为我而战吗?

能做到百姓没有冤假错案,表示国君对百姓很尽心,这样百姓自然会为您尽力。凭这一点,这场仗就可以打。出征时请让我跟您一起去吧。

朗读原文

公与之乘(chéng),战于长勺。公将鼓之,刿曰:"未可。"齐人三鼓。刿曰:"可矣。"齐师败绩。公将驰之。刿曰:"未可。"下视其辙(zhé),登轼(shì)而望之,曰:"可矣。"遂逐齐师。

实时翻译

鲁庄公和曹刿同乘一辆战车,齐鲁双方在长勺摆开战阵。鲁庄公要击鼓命令军队出击,曹刿说:"还不行。"等齐军第三次击鼓后,曹刿才说:"可以击鼓进军了。"齐国军队被打得溃不成军。鲁庄公打算命人乘胜追击,曹刿说:"不要追击。"他走下战车,观察敌军车轮的印痕,又登上车前的横板张望,说:"可以了。"这时,鲁国军队才开始追击齐军。

朗读原文

既克,公问其故。对曰:"夫战,勇气也。一鼓作气,再而衰,三而竭。彼竭我盈,故克之。夫大国,难测也,惧有伏焉。吾视其辙乱,望其旗靡(mǐ),故逐之。"

实时翻译

取胜之后,鲁庄公问他为什么要这么做。曹刿答道:"作战,靠的是士气。第一次击鼓能够鼓舞士兵们的士气,第二次击鼓士兵们的士气开始低落,等到第三次,士气就差不多散尽了。对方的士气消失而我军的士气旺盛,所以我们打败了他们。像齐国这样的大国,诡计多端,我怕他们使用'诱敌深入'的计谋设有伏兵。后来我观察到他们的车轮印迹混乱,还望见他们的旗帜也倒下了,知道这不是装出来的,所以才下令追击。"

思维导图

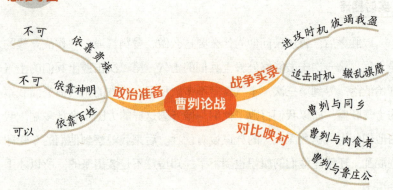

多思考一点

　　长勺之战是以弱胜强的著名战例，曹刿是鲁国取胜的关键人物。他的胜利凭借的并非是在战场上出生入死、浴血奋战，而是智慧。智慧来源于哪里？来源于平日读书和学习，也来源于生活经验的积累。

齐桓公伐楚盟屈完

> 冲冠一怒为红颜之续篇

出处 《左传》
作者 左丘明
创作年代 春秋
坐标 《古文观止》卷一

助学小贴士

　　你可知道，身为春秋五霸之首的齐桓公也曾冲冠一怒为红颜？齐桓公的妻子叫蔡姬，是蔡国国君蔡穆侯的掌上明珠。娶蔡姬时，齐桓公已年约半百，而蔡姬还是一个性格活泼的妙龄少女。有一天，齐桓公和蔡姬泛舟水上，蔡姬玩到兴起，就在船上摇晃起来。当她看到不会游泳的齐桓公因为害怕而窘态百出时，笑得花枝乱颤。齐桓公丢了这么大的面子，一怒之下将蔡姬赶回了娘家。女儿被赶回娘家，这对蔡穆侯来说也是很没面子的事，于是他一赌气将蔡姬改嫁给了别人。这下，齐桓公的肠子都悔青了，纠集了鲁、宋、陈、卫、郑、曹、许等国军队，浩浩荡荡向蔡国出发……

朗读原文

春,齐侯以诸侯之师侵蔡。蔡溃,遂伐楚。楚子使与师言曰:"君处北海,寡人处南海,唯是风马牛不相及也。不虞君之涉吾地也,何故?"管仲对曰:"昔召康公命我先君太公曰:'五侯九伯,女实征之,以夹辅周室。'赐我先君履,东至于海,西至于河,南至于穆陵,北至于无棣,尔贡包茅不入,王祭不共,无以缩酒,寡人是征。昭王南征而不复,寡人是问。"对曰:"贡之不入,寡君之罪也,敢不共给?昭王之不复,君其问诸水滨。"师进,次于陉。

> **实时翻译**

春天,齐桓公率领各诸侯国联军攻打蔡国,蔡国很快溃败,于是联军决定趁势攻打楚国。楚成王派使臣来到联军阵前传话。

您在北方,我在南方,咱们的国土相距遥远,哪怕我们两国的牛马相互吸引,也到不了一起。想不到您竟会踏足我们的国土,这是为何呢?

从前,周武王的辅臣召康公曾给我们齐国的先君姜太公留下遗命,说:'为了实现共同辅佐周王室这个目标,天下诸侯、九州之长你都可以征讨。'召康公还给我们的先君划定了征讨范围,那就是东到海边、西到黄河、南到穆陵、北到无棣。你们楚国应当进贡包茅却没有交纳,周王室的祭祀典礼上没有可以用来滤酒之物,所以我前来征收贡品。另外,周昭王南巡后再也没有回去,这件事我也得调查清楚。

没有交纳贡品是我们国君的过错,我们怎么敢再不供给呢?周昭王南巡,船沉汉水而没能返回,还是请您到汉水边去查问吧!

联军前进到了陉地,驻扎在了那里。

朗读原文

夏,楚子使屈完如师。师退,次于召陵。齐侯陈诸侯之师,与屈完乘而观之。齐侯曰:"岂不穀(gǔ)是为?先君之好是继。与不穀同好,何如?"对曰:"君惠徼(yāo)福于敝邑之社稷(jì),辱收寡君,寡君之愿也。"齐侯曰:"以此众战,谁能御之?以此攻城,何城不克?"对曰:"君若以德绥(suí)诸侯,谁敢不服?君若以力,楚国方城以为城,汉水以为池,虽众,无所用之。"

屈完及诸侯盟。

实时翻译

到了这年的夏天,楚成王又派使臣屈完到联军中交涉。联军后撤,驻扎在召陵。齐桓公让军队摆开阵势,和屈完同乘一辆战车阅兵。齐桓公说:"各国军队难道是为我而来的吗?他们来是为了维持先君之间建立起来的友好关系。你们楚国和我们齐国友好相处,你看怎么样?"屈完回答说:"承蒙您为我们这个僻远小国着想,愿意忍辱接纳我们国君为友。这也正是我们国君的心愿啊。"齐桓公又沾沾自喜地说:"率领这样的军队打仗,什么国家能够抵挡?率领这样的军队攻城,什么城池攻克不下?"屈完回答说:"如果您用仁德来安抚各方诸侯,哪个敢不顺服?如果您非要强用武力,那么楚国就把方城山当作城墙,把汉水当作护城河,您的兵马虽多,恐怕也没有用!"

屈完代表楚国和诸侯订立了盟约。

思维导图

多思考一点

古希腊哲学家毕达哥拉斯曾说过:"愤怒以愚蠢开始,以后悔告终。"齐桓公不正是这样吗?愤怒这种情绪常常会伤害到身边的人,同时也会伤害自己。所以,我们要学会控制情绪、平息愤怒。怎样才能避免因愤怒而后悔呢?最好的办法就是等待,等自己冷静下来之后再决定应该采取何种行动。

宫之奇谏假道

○ 辅车相依，唇亡齿寒

出处 《左传》
作者 左丘明
创作年代 春秋
坐标 《古文观止》卷一

助学小贴士

　　虢国和晋国两国都好战，两国总是打仗。虢国虽然弱小，但是有虞国这个"好朋友"帮衬着，打架也没吃过亏。晋国大夫荀息建议晋献公拿出自己心爱的宝马和美玉送给虞公，凭此向虞国借道……

朗读原文

晋侯复假道于虞以伐虢。宫之奇谏曰:"虢,虞之表也。虢亡,虞必从之。晋不可启,寇(kòu)不可玩,一之谓甚,其可再乎?谚所谓'辅车相依,唇亡齿寒'者,其虞、虢之谓也。"

公曰:"晋,吾宗也,岂害我哉?"对曰:"大(tài)伯、虞仲(zhòng),大(tài)王之昭也。大伯不从,是以不嗣。虢仲、虢叔,王季之穆也,为文王卿士,勋在王室,藏于盟府。将虢是灭,何爱于虞?且虞能亲于桓、庄乎?其爱之也,桓、庄之族何罪?而以为戮(lù),不唯逼乎?亲以宠逼,犹尚害之,况以国乎?"

实时翻译

晋献公再次向虞国借路去攻打虢国。宫之奇劝谏虞公道:"虢国是虞国的外围屏障,虢国如果灭亡了,虞国一定也会跟着灭亡。晋国的野心不能放纵,外国军队进入国境时,我们千万不能放松警惕,也不能毫无防备。晋国借一次路就已经很过分了,怎么可以再借一次呢?俗话说'面颊和牙床互相依靠,嘴唇没了牙齿就会受凉',说的就是虞、虢两国这种彼此依存的关系啊。"

晋国与我国同宗，难道还会加害我们吗？

太伯、虞仲是周太王的儿子，太伯没有跟随在周太王身边，因此不让他继承王位。虢仲、虢叔是王季的儿子，是虢国的先祖，当过文王执掌国政的大臣，对王室有功，他因功受封的典策还保存在官府里。

现在晋国既然连虢国都想灭掉，对我们虞国还会讲什么情分吗？再说了，就算晋献公对虞国有情，这情分能比他跟桓、庄家族的情分更亲吗？晋献公对他们讲情分了吗？桓、庄这两个家族有什么罪过？

晋献公将他们全都杀害了，还不是因为他们对自己构成了威胁吗？亲族恃宠而骄，对国君形成威胁尚且还要被杀害，更何况其他国家呢？

朗读原文

公曰:"吾享祀丰洁,神必据我。"对曰:"臣闻之,鬼神非人实亲,惟德是依。故《周书》曰:'皇天无亲,惟德是辅。'又曰:'黍(shǔ)稷非馨(xīn),明德惟馨。'又曰:'民不易物,惟德繄物。'如是,则非德,民不和,神不享矣。神所冯(píng)依,将在德矣。若晋取虞,而明德以荐馨香,神其吐之乎?"

实时翻译

我敬献的祭品丰盛而且干净,神明一定会保佑我们虞国的。

臣听说,鬼神不会亲近某个人,只是依从德行。所以《周书》中说:'上天对于人没有亲疏不同,只辅助有德的人。'又说:'献祭的谷物不算芳香,只有美德才芳香。'又说:'即使祭品相同,也只有有德行的人敬献的祭品才是真正的祭品。'

如此看来,没有德行,百姓就不和,神灵也就不来享用贡品了。神灵是否保佑我国,就在于国君有没有德行。如果晋国夺取了虞国,但崇尚德行,将芳香的祭品奉献给神灵,神灵难道还会吐出来吗?

朗读原文

弗听,许晋使。宫之奇以其族行,曰:"虞不腊矣。在此行也,晋不更举矣。"冬,晋灭虢。师还,馆于虞,遂袭虞,灭之。执虞公。

实时翻译

虞公不听宫之奇的劝谏,答应了晋国使者借路的请求。宫之奇带领着他的族人离开,说:"虞国等不到岁终的腊祭,就要灭亡了。晋国只需开展这一次行动就能手到擒来,不用再出兵了。"冬天的时候,晋国灭掉了虢国,大军回师,驻扎在虞国的时候乘机发动攻击,灭了虞国,俘虏了虞公。

人物关系

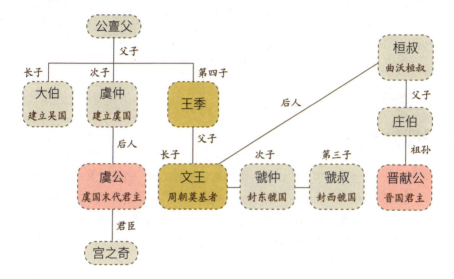

思维导图

多思考一点

弱小者无法与强暴者抗衡,但弱小者如果团结起来,彼此照应,也可以争取到生存和发展的机会。虞公贪图晋国使者送来的小利,却不明白唇亡齿寒的道理,最终招来亡国之祸。当我们面临利益诱惑时,一定要想清楚那是不是诱饵。

多知道一点

古代常用伯、仲、叔、季来表示长幼之序。伯代表第一个出生,仲代表第二个出生,以此类推。例如,伯夷、叔齐中的伯、叔就都是表示出生顺序的。孔子,字仲尼,因为排行第二,所以字中有一个"仲"字。另外,还有以孟表示长子地位的。

讲个故事

羊皮换相

鼠目寸光的虞公成了俘虏,他的一众大臣也跟着成了阶下囚,其中包括大夫百里奚。秦晋联姻时,百里奚成了穆姬(晋献公长女)的陪嫁奴隶,被送到秦国。他在途中逃跑,却不幸被楚国人捉住了。

秦穆公听说百里奚是个人才,想将他要回,又怕楚国人发现他的才能,于是派人询问楚国奴隶的价格,最后以一个奴隶的身价(五张黑羊皮)换回了百里奚,将他奉为上宾。

介之推不言禄(lù)

- 寒食节为了纪念谁?

出处 《左传》
作者 左丘明
创作年代 春秋
坐标 《古文观止》卷一

助学小贴士

　　晋文公重耳最终能坐上晋国国君的宝座并称霸诸侯,简直是个奇迹。重耳四十岁左右还只是一个普通公子,却被骊姬陷害,被迫开始了逃亡生活。除了经常食不果腹、衣不蔽体之外,他还要躲避父亲晋献公和兄弟晋惠公的追杀。

　　有一年,他逃到卫国时,一个随从把他带的钱财和粮食都偷走了。重耳饥饿难忍,几乎饿死。这时,介之推躲到山沟里偷偷从自己大腿上割下一块肉给重耳煮了汤,这才保住了他一条命。重耳知道真相后,说如果他有朝一日做了国君,一定好好报答介之推……

朗读原文

晋侯赏从亡者，介之推不言禄，禄亦弗及。推曰："献公之子九人，唯君在矣。惠、怀无亲，外内弃之。天未绝晋，必将有主。主晋祀者，非君而谁？天实置之，而二三子以为己力，不亦诬乎？窃人之财，犹谓之盗，况贪天之功以为己力乎？下义其罪，上赏其奸；上下相蒙，难与处矣。"其母曰："盍亦求之？以死谁怼？"对曰："尤而效之，罪又甚焉。且出怨言，不食其食。"其母曰："亦使知之，若何？"对曰："言，身之文也。身将隐，焉用文之？是求显也。"其母曰："能如是乎？与汝偕隐。"遂隐而死。

实时翻译

晋文公重耳赏赐那些曾跟随他逃亡的人，介之推没去求赏，晋文公也没想到他，就没给他赏赐。

晋献公的九个儿子里，只有国君重耳还在人世。惠公、怀公没有亲信，晋国内外都抛弃了他们。然而上天并没有打算让晋国灭亡，所以肯定会有人来当国君的。以目前的情况来看，能主持晋国祭祀、执掌晋国权柄的人，不是重耳还能是谁呢？这都是上天已经安排好的事情，而那几个跟随文公逃亡的人却觉得这是他们的功劳，这不是很荒唐吗？

偷窃别人的钱财尚且被说成盗窃，更何况窃取上天的功劳作为自己的功劳这种行为呢？臣子们把这种盗窃行为当成理所应当的，国君竟然还给这些奸诈之人赏赐，这是以臣欺君而君主不明啊，我难以和这样的人相处。

你为什么不也去讨要一点赏赐？这样穷困地死去，又是跟谁过不去呢？

斥责了这种行为后,自己再去效仿,那罪过就更大了!况且我已经说出了埋怨国君的话,以后不能再拿他的俸禄了。

那也该让国君知道一下这件事吧,你说呢?

言辞是用来说明、美化人的行为举止的,既然都要隐居了,还有什么必要修饰言辞呢?这是在乞求富贵啊。

你决定好了吗?如果决定好了,那我和你一起隐居。

母子俩一直隐居到死去。

朗读原文

晋侯求之不获,以绵上为之田,曰:"以志吾过,且旌(jīng)善人。"

实时翻译

晋文公找不到介之推,便把绵上作为封地追封给他,并说:"就用这块封地来让后人记住我的过失,并且作为对善良之人的表彰吧。"

思维导图

助学小贴士

介之推隐居之后，晋文公辗转知道了这件事。他很后悔自己做出了如此忘恩负义之事，赶紧派人去封赏介之推，后来更是亲自带人到绵山寻访，但绵山重峦叠嶂、谷深林密，始终找不到他。晋文公找人心切，一不小心听信了奸人出的歪主意，下令从三面放火烧山，想逼他们母子二人出来。没想到大火烧了三天，也没看到介之推跑出来。后来，有人在一棵枯柳树下发现了他们的尸骨。晋文公悲痛万分，遂改绵山为介山，立庙祭祀，并下令每年的这一天禁火寒食，以寄哀思，这就是"寒食节"的由来。

烛之武退秦师

> 天下熙（xī）熙皆为利来，
> 天下攘（rǎng）攘皆为利往

出处 《左传》
作者 左丘明
创作年代 春秋
坐标 《古文观止》卷一

 助学小贴士

晋国公子重耳早年逃亡时曾到过郑国，郑文公认为他是个灾星，居然大白天紧闭城门，将他拒之门外。后来，重耳回晋国当了国君，即晋文公，与楚国大战，郑国又帮着楚国打晋国。新仇加上旧恨，终于让晋文公忍无可忍，他决定拉上自己的老丈人秦穆公，给郑国一点儿颜色瞧瞧……

朗读原文

晋侯、秦伯围郑,以其无礼于晋,且贰于楚也。晋军函陵,秦军氾南。

(hán)(fán)

实时翻译

晋文公、秦穆公出兵包围了郑国,因为郑国对晋文公无礼,还依附于楚国,对晋国有二心。晋国军队驻扎在函陵,秦国军队驻扎在氾南。

朗读原文

佚之狐言于郑伯曰:"国危矣!若使烛之武见秦君,师必退。"公从之。辞曰:"臣之壮也,犹不如人,今老矣,无能为也已。"公曰:"吾不能早用子,今急而求子,是寡人之过也。然郑亡,子亦有不利焉。"许之。

我们郑国危险了!如果派烛之武去游说秦国的国君,秦国的军队一定会撤退的。

郑文公同意了,命烛之武出使。

臣年轻力壮时,尚且不如别人,现在老了,更做不了什么了。

我没能及早重用您,现在形势危急才来求您,是我的过错。然而郑国灭亡了,对您也没有好处啊!

烛之武答应去游说秦王。

朗读原文

夜,缒(zhuì)而出,见秦伯,曰:"秦、晋围郑,郑既知亡矣。若亡郑而有益于君,敢以烦执事。越国以鄙远,君知其难也,焉用亡郑以陪邻?邻之厚,君之薄也。若舍郑以为东道主,行李之往来,共其乏困,君亦无所害。且君尝为晋君赐矣,许君焦、瑕(xiá),朝济而夕设版焉,君之所知也。夫晋,何厌之有?既东封郑,又欲肆其西封。若不阙(quē)秦,将焉取之?阙秦以利晋,唯君图之。"

实时翻译

夜里,烛之武被人用绳子吊着送下城墙。他见到秦穆公,说:"秦晋两国围攻郑国,郑国已明白自己要灭亡了。如果灭掉郑国对您有好处,我怎敢来冒昧打扰您。只不过越过他国,把地处远方的郑国作为秦国的东部边邑,您知道这是很困难的,那何必要灭掉郑国而让您的邻国——晋国得利呢?晋国实力越雄厚,您的国力就越薄弱啊。如果保留郑国,让它作为您东边大道上的主人,出使的人来来往往,郑国可以随时给他们提供物资,这对您也没有什么害处。况且,您曾经给过晋惠公恩惠,晋惠公答应把焦、瑕两地送给您,可是他早晨刚渡过河,晚上就修筑防御工事来对付您了,这您也是知道的。晋国哪里有满足的时候?既然在东边已把郑国当作边境,它又会想向西扩张领土。如果不侵略秦国,又从哪里得到土地呢?这种削弱秦国而壮大晋国的事情,希望您能再认真考虑一下。"

朗读原文

秦伯说(yuè),与郑人盟,使杞(qǐ)子、逢孙、杨孙戍(shù)之,乃还。子犯请击之。公曰:"不可。微夫人之力不及此。因人之力而敝(bì)之,不仁;失其所与,不知;以乱易整,不武。吾其还也。"亦去之。

实时翻译

秦穆公听了这番话后,非常高兴,就与郑国签订盟约,派杞子、逢孙、杨孙守卫郑国,自己率军回国了。晋国大夫子犯请求出兵攻打秦军。晋文公说:"不行。假如没有秦穆公的力量,我不会有今天。借用了别人的力量再去伤害他,这是不仁;自己的盟友都能失去,这是不智;以破坏两国关系的混乱局面来代替两国联盟,这是不武。我们还是回去吧!"晋军也离开了郑国。

走吧,留着郑国将来还有用。

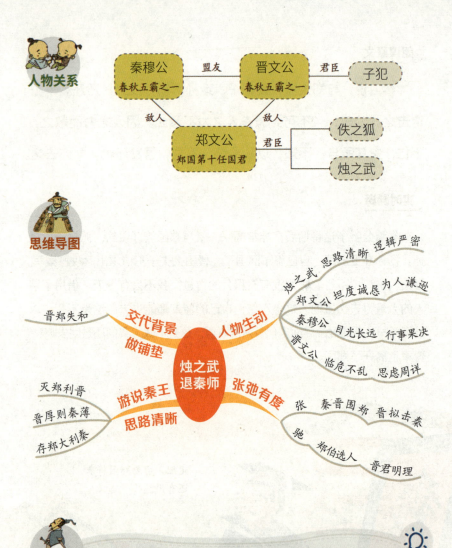

多思考一点

天下熙熙皆为利来，天下攘攘皆为利往。人是如此，国与国之间更是如此——没有永远的敌人，也没有永远的朋友，只有永远的利益。利益永远是国家之间交往的核心，明白了这一点，你就能笑看当今世界的风云变幻了。

蹇(jiǎn)叔哭师

● 利令智昏引发的悲惨故事

出处 《左传》
作者 左丘明
创作年代 春秋
坐标 《古文观止》卷一

助学小贴士

烛之武凭借着一根绳子和三寸不烂之舌,不仅成功劝退了围郑的秦国大军,还让秦国变成了郑国的保护伞。秦国官员杞子、逢孙、杨孙留在郑国驻守,杞子还掌管了北城门的钥匙……

朗读原文

杞子自郑使告于秦曰:"郑人使我掌其北门之管,若潜师以来,国可得也。"穆公访诸蹇叔。蹇叔曰:"劳师以袭远,非所闻也。师劳力竭,远主备之,无乃不可乎?师之所为,郑必知之。勤而无所,必有悖(bèi)心。且行千里,其谁不知?"公辞焉。召孟明、西乞、白乙,使出师于东门之外。蹇叔哭之,曰:"孟子!吾见师之出,而不见其入也!"公使谓之曰:"尔何知,中寿,尔墓之木拱矣!"

实时翻译

秦国大夫杞子派人从郑国回秦国报信说:

郑国让我掌管了他们国都北门的钥匙,如果你们悄悄派兵前来,就可以轻松占领他们的国都了。

秦穆公收到信息后去向老臣蹇叔征求意见。

让军队长途跋涉去偷袭远方的国家,这种事情我从没听说过。到时候我们的军队精疲力尽,郑国的君主又有了防备,这样恐怕不行吧?如果我们的军队有行动,郑国必定会知道的。

如果士兵们付出了辛苦奔波而最后却一无所得,一定会生出悖逆的念头。况且行军千里,谁能不知道呢?

秦穆公没有听取蹇叔的意见,而是召见了孟明视、西乞术和白乙丙三位将领,让他们从东门出兵攻打郑国。

孟明视啊,我看着大军出发,却看不见你们回来了啊!

你知道什么?要是你只活到六十岁就死了,你坟前的树已经有两手合抱那么粗了。

朗读原文

蹇叔之子与师,哭而送之,曰:"晋人御师必于崤(xiáo)。崤有二陵焉:其南陵,夏后皋(gāo)之墓也;其北陵,文王之所辟风雨也。必死是间,余收尔骨焉!"秦师遂东。

实时翻译

蹇叔的儿子西乞术和白乙丙也在出征的军队里,蹇叔哭着送别他们,说:"晋国人一定会在崤山阻击我军。崤山有两座山头,南面的山头有夏王皋的坟墓,北面的山头是周文王避过风雨的地方。你们一定会战死在这两山之间,我去那儿收拾你们的尸骨吧!"于是秦国军队出师东征。

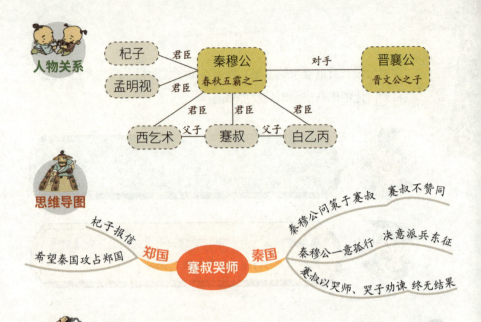

多思考一点 利令智昏是指在巨大的利益诱惑面前，人会失去理智。秦穆公看到晋国国君刚刚去世、郑国城防又落在自己人手中，于是就盲目自信这是打败郑国的天赐良机，但却忽视了秦军需要面对的诸多不利因素，最终导致了战争的失败。我们一定要引以为戒。

讲个故事

秦军东征的后续

秦军出师后，在滑国境内遇到了郑国牛贩子弦高。弦高猜到秦军要去攻打郑国，于是冒充郑国国君的名义，把自己的牛送给了秦军。秦军以为行踪败露，放弃了攻打郑国的打算。孟明视认为不能白来一趟，便顺手灭了滑国。但滑国是晋国的跟班，秦军灭了滑国，也惹怒了晋国，最终导致了崤之战的爆发。

季札观周乐
zhá

◉ 写于两千多年前的乐评奇文

出处 《左传》
作者 左丘明
创作年代 春秋
坐标 《古文观止》卷二

 助学小贴士

  政治的安定清明或昏庸混乱会影响人的思想感情，而人的思想感情又会反映在音乐作品中。在这篇奇文中，季札正是以此为依据，对从不同地方采集来的音乐做出评判的。

朗读原文

吴公子札来聘(pìn)。请观于周乐。使工为之歌《周南》《召(shào)南》，曰："美哉！始基之矣，犹未也；然勤而不怨矣。"为之歌《邶(bèi)》《鄘(yōng)》《卫》，曰："美哉！渊乎！忧而不困者也。吾闻卫康叔、武公之德如是，是其《卫风》乎？"为之歌《王》，曰："美哉！思而不惧，其周之东乎？"为之歌《郑》，曰："美哉！其细已甚，民弗堪(kān)也。是其先亡乎！"为之歌《齐》，曰："美哉！泱(yāng)泱乎，大风也哉！表东海者，其大公乎？国未可量也。"为之歌《豳(bīn)》，曰："美哉！荡乎！乐而不淫，其周公之东乎？"为之歌《秦》，曰："此之谓夏声。夫能夏则大，大之至也，其周之旧乎？"为之歌《魏》，曰："美哉！沨(féng)沨乎！大而婉，险而易行，以德辅此，则明主也。"为之歌《唐》，曰："思深哉！其有陶唐氏之遗民乎？不然，何忧之远也。非令德之后，谁能若是？"为之歌《陈》，曰："国无主，其能久乎？"自《郐(kuài)》以下，无讥焉！

实时翻译

吴国公子季札来鲁国访问，请求观赏周王室的音乐舞蹈。鲁国让乐工为他歌唱《周南》和《召南》，季札说："好听啊！开始为周王朝奠定教化基础了，虽然还没有尽善尽美，然而百姓辛勤劳作却不怨恨了。"乐工为他歌唱《邶风》《鄘风》和《卫风》，他说："好听啊，多深远啊！虽有忧思，却不为之困顿。我听说卫康叔、武公的德行就像这样，这大概是《卫风》吧！"乐工为他唱《王风》，他说："好听啊！有忧虑却没有恐惧，这大概是周王室东迁之后的乐歌吧！"乐工为他唱《郑风》，他说："好听啊！但内容太过琐碎了，百姓不能忍受。这个国家大概会最先灭亡吧。"乐工为他唱《齐风》，他说："好听啊，深广而宏大，这是大国的音乐啊！能成为东海诸侯表率的，就是姜太公的国家吧？这个国家不可限量啊！"乐工为他唱《豳风》，他说："好听啊，博大啊！欢乐却不过度放纵，应该是周公东征时的音乐吧！"乐工为他唱《秦风》，他说："这是夏声。能多大声就多大声，宏大到了极点，大概是周室故地的乐歌吧！"乐工为他唱《魏风》，他说："好听啊，婉转悠然！宏大而又婉约，节奏迫促却又声音流畅，如果再有德行的辅助，这国国君就可以成为贤明的君主了。"乐工为他唱《唐风》，他说："思虑深远啊！大概是帝尧一族的后代吧！要不是如此，忧思怎么会那么深远呢？如果不是有大美德者的后人，谁能像这样呢？"乐工为他唱《陈风》，他说："国家没有君主，还能长久吗？"再唱《郐风》以后的乐歌，季礼就不做评论了。

朗读原文

为之歌《小雅》,曰:"美哉!思而不贰,怨而不言,其周德之衰乎?犹有先王之遗民焉。"为之歌《大雅》,曰:"广哉!熙熙乎!曲而有直体,其文王之德乎?"

为之歌《颂》,曰:"至矣哉!直而不倨(jù),曲而不屈,迩(ěr)而不逼,远而不携,迁而不淫,复而不厌,哀而不愁,乐而不荒,用而不匮(kuì),广而不宣,施而不费,取而不贪,处而不底,行而不流。五声和,八风平,节有度,守有序,盛德之所同也!"

实时翻译

乐工为他唱《小雅》,他说:"好听啊!有忧愁却没有二心,有怨恨却不明言,这大概是周朝德政衰微时的音乐吧?先王的遗民还在啊!"乐工为他唱《大雅》,他说:"广阔啊!和美融洽!抑扬曲折而刚劲有力,应该是周文王的美德吧。"

乐工为他演唱《颂》,他说:"好极了!正直而不傲慢,曲婉而不卑下,靠近而不至于逼仄,疏远而不至于疏离,变动而不至于过分,反复而不至于生厌,有哀思而不至于忧伤,欢乐而不过度。声音不断发出,有如用不完的物品;又如藏着大量东西,却不完全表露;又如施物予人而不至耗损,有所取而不至贪求,静止而不停滞,行进而不流荡。五声和谐,八风协调,节奏有法度,乐器鸣响秩序井然。这是有盛德的人所共有的!"

朗读原文

见舞《象箾(shuò)》《南籥(yuè)》者，曰："美哉！犹有憾！"见舞《大武》者，曰："美哉！周之盛也，其若此乎？"见舞《韶濩(huò)》者，曰："圣人之弘也，而犹有惭德，圣人之难也。"见舞《大夏》者，曰："美哉！勤而不德，非禹，其谁能修之？"见舞《韶箾(xiāo)》者，曰："德至矣哉！大矣，如天之无不帱(dào)也，如地之无不载也，虽甚盛德，其蔑(miè)以加于此矣。观止矣！若有他乐，吾不敢请已。"

实时翻译

看到有人表演文王之乐《象箾》和《南籥》，季札说："好啊，但还是有缺憾！"看到有人跳武王之乐《大武》，他说："好啊，周朝兴盛的时候，大概就是这样的吧。"看到有人跳汤乐《韶濩》，他说："圣人那么伟大，仍有不足之处，做圣人不容易啊！"看到有人跳夏乐《大夏》，他说："好啊！勤劳而不自认为有德，除了夏禹外，还有谁能做到呢！"看到有人跳舜乐《韶箾》，他说："德行完满了！伟大啊，就像天空覆盖一切，大地承载一切，再没有大德大行能超过这个了。观赏到此为止吧！即使还有别的乐舞，我也不敢再请求观赏了！"

思维导图

多思考一点

音乐与文学是人们生活中常见的艺术形式，是对生活的艺术化的反映。季札之所以能对周乐侃侃而谈，是因为他不仅有丰富的历史知识，而且有很高的艺术修养。这两点也是每个人应该努力追求的。

多知道一点

《诗经》我国最早的一部诗歌总集，其中收录了三百多首诗歌，分为《风》《雅》《颂》三个部分。《诗经》中的诗歌反映了劳动与爱情、战争与徭役、压迫与反抗、风俗与婚姻、祭祖与宴会，甚至天象、地貌、动物、植物等方面，可以说是周代百姓生活的一面镜子。

67

子产论政宽猛

○ 宽猛相济,政是以和

出处 《左传》
作者 左丘明
创作年代 春秋
坐标 《古文观止》卷二

助学小贴士

　　子产出身于贵族家庭,是郑国国君郑穆公的孙子,正牌的皇亲国戚,但他并没有成为一名纨绔子弟。相反,终其一生,他始终修身立德、勤奋工作,凭借自己出色的业绩一步步升迁,最终执掌郑国朝政。夜不闭户和路不拾遗,说的就是子产执政三年后郑国的景象。子产执政二十六年后……

朗读原文

郑子产有疾，谓子大叔曰："我死，子必为政。唯有德者能以宽服民，其次莫如猛。夫火烈，民望而畏之，故鲜死焉；水懦弱，民狎而玩之，则多死焉。故宽难。"疾数月而卒。大叔为政，不忍猛而宽。郑国多盗，取人于萑苻之泽。大叔悔之，曰："吾早从夫子，不及此。"兴徒兵以攻萑苻之盗，尽杀之。盗少止。

实时翻译

郑国的子产病了，他对子太叔说："我死以后，您一定要执政。只有德行高尚的人能够用宽厚的政策治国并使百姓服从，除此之外，没有比用严厉的政策统治更有效的办法了。火燃烧猛烈，人们远远望见就害怕，所以很少死于火中。水柔柔弱弱，人们喜欢亲近而忽视其危险，就有很多人死在水里。所以宽厚的政策容易让人误入歧途，难以实施。"子产病了几个月后去世了。太叔执政后，不忍心用严厉的政策而仍然施行宽柔政策。郑国因此出现了很多盗贼，他们聚集在萑苻的沼泽地带。太叔很后悔没有用严厉政策治国，说："我要是早听子产他老人家的话，就不会发展到如此地步了。"他派步兵去剿灭藏身于萑苻沼泽地的盗贼，将他们全部杀了。至此，盗贼四起的现象才被稍微遏止。

朗读原文

仲尼曰:"善哉!政宽则民慢,慢则纠之以猛。猛则民残,残则施之以宽。宽以济猛,猛以济宽,政是以和。《诗》曰:'民亦劳止,汔(qì)可小康。惠此中国,以绥(suí)四方。'施之以宽也。'毋从诡(guǐ)随,以谨(jǐn)无良。式遏寇虐,惨不畏明。'纠之以猛也。'柔远能迩,以定我王。'平之以和也。又曰:'不竞不絿(qiú),不刚不柔。布政优优,百禄是遒(qiú)。'和之至也。"

及子产卒,仲尼闻之,出涕曰:"古之遗爱也。"

实时翻译

孔子说:"好啊!政策宽厚,百姓就怠慢,百姓怠慢了就要用严厉的政策来纠正;政策严厉了百姓就会受伤害,百姓受伤害了就要用宽厚的政策安抚他们。用宽厚来调和严厉;用严厉来调和宽厚,政事因此而和谐。《诗经》说:'百姓太劳苦了,可以让他们稍稍休憩;爱护京城地区的民众,借此安抚全国各地的百姓。'这就是用宽厚的政策对待百姓。'不要放纵奸诈谄媚的人,提防心怀不轨的人;应当制止盗贼的暴虐,他们从来不怕法度。'这就是用严厉来纠正宽厚。'安抚笼络远方的人使其归附,来稳定我们的王朝。'这就是用调和的政策使国家平静。《诗经》还说:'不纷争不急躁,不刚猛不柔弱,施政宽和,所有福禄都会汇聚过来。'这是和谐的最高境界啊。"

等到子产逝世后,孔子听说了这个消息,流着眼泪说:"他继承了古人那种仁爱的遗风啊。"

思维导图

多思考一点　　子产提出的"宽猛相济"已在历史中沿用了近两千年。在当今社会,它依然发挥着作用——宽可以理解为人文关怀,猛可以理解为法律法规。我们在与人交往时也要做到宽猛相济——对人有爱心,但也要坚守原则。

召公谏厉王止谤(bàng)

> 今天沉默是金,曾经沉默是命!

出处 《国语》
作者 左丘明
创作年代 春秋
坐标 《古文观止》卷三

助学小贴士

周厉王怀着雄心壮志走上了工作岗位,但没多久他就发现,比起干活,他更喜欢数工资的感觉!跟周厉王有着同样爱好的荣夷公,怂恿他以国家的名义垄断山林川泽出产的所有物产,不准百姓以此谋生,因此民怨沸腾,大家纷纷指责周厉王……

朗读原文

　　厉王虐(nüè)，国人谤王。召公告曰："民不堪命矣！"王怒，得卫巫，使监谤者，以告，则杀之。国人莫敢言，道路以目。

　　王喜，告召公曰："吾能弭(mǐ)谤矣，乃不敢言。"

　　召公曰："是鄣之也。防民之口，甚于防川。川壅(yōng)而溃，伤人必多，民亦如之。是故为川者决之使导，为民者宣之使言。故天子听政，使公卿至于列士献诗，瞽(gǔ)献典，史献书，师箴，瞍(sǒu)赋，矇(méng)诵，百工谏，庶人传语，近臣尽规，亲戚补察，瞽、史教诲，耆、艾修之，而后王斟酌焉，是以事行而不悖。民之有口也，犹土之有山川也，财用于是乎出，犹其有原隰(xí)衍沃(yǎn)也，衣食于是乎生。口之宣言也，善败于是乎兴，行善而备败，所以阜(fù)财用、衣食者也。夫民虑之于心而宣之于口，成而行之，胡可壅也？若壅其口，其与能几何？"

实时翻译

周厉王暴虐无道，国都里的百姓纷纷指责和埋怨他。召公对周厉王说："百姓们已经快活不下去了！"厉王听了勃然大怒，找来一个卫国的巫师，让他监视说自己坏话的人，如果巫师报告谁指责了君王，厉王就把那个人杀掉。这样一来，居住在国都的人都不敢说话了，即使在路上相遇，也只敢用眼神向对方示意。

我能制止百姓指责我的言论了，他们再也不敢说了！

你这样做只不过是堵百姓的嘴啊。堵百姓的嘴，比堵塞河流祸患还要大。河流堵塞后一旦再决堤，死伤的人一定很多，堵百姓的嘴也一样。

所以治水的人要疏通河道使它通畅，治理百姓的人要引导他们，让他们畅所欲言。所以天子上朝听政，要让公卿大臣以至各级官吏进献讽喻诗歌，乐师进献乐典，史官进献史籍，少师进箴言，瞍、瞽之人诵读吟咏，掌管营建事务的百工进谏，百姓把自己的意见呈上，左右近臣尽规劝之责，宗室姻亲补其疏漏、察其是非，乐师和史官谆谆教导，元老重臣修饰整理，然后由天子斟酌取舍，做出裁决，只有这样，政事才能得以实行，而不违背情理。

百姓有嘴，就像大地上有高山、河流一样，社会的物资财富全从这里产生；又像土地有高原、低地、平地、良田，衣食都从这里产生。嘴是用来发表意见的，政事的成败得失就是由此反映出来的。推行百姓赞成的事，防范百姓厌恶的事，正是增加财富的途径。人们心中有所想，嘴里就说出来，这是自然而然的事，怎么可以堵呢？如果继续堵百姓的嘴，还能有多少人拥护你呢？

朗读原文

王弗听,于是国人莫敢出言。三年,乃流王于彘(zhì)。

实时翻译

周厉王不听召公的劝告,从此,国都的百姓再也不敢发表言论指责他了。过了三年,国都的百姓暴动,把厉王流放到彘地去了。

思维导图

多思考一点

良药口苦利于病，忠言逆耳利于行。周厉王对召公的劝告置若罔闻，一意孤行，最终落得被流放的悲惨下场。面对别人的善意劝谏时，我们一定要仔细聆听、认真思考，做到有则改之，无则加勉。

讲个故事

甘棠遗爱

召公是周朝的开国元老，当年在周朝与商朝的大决战——牧野之战中就随侍在周武王身边。周武王封他当燕国的诸侯，但他放心不下国事，留在了周朝都城。召公虽然是高官，也是贵族，但常常巡行乡间，深入百姓生活，为他们排忧解难。召公治理陕地时，有一年夏天，天很热，他就在一棵甘棠树下办公，接待前来办事的百姓。因为他深得百姓爱戴，所以他走后人们就以那棵甘棠树来纪念他，不许任何人伤害那棵树，这就是成语"甘棠遗爱"的由来。召公执政的四十多年里，政通人和，没有使用过刑罚，史称"成康之治"。

里革断罟匡君

gǔ kuāng

○ 一篇保护生态环境的重要提案

出处 《国语》
作者 左丘明
创作年代 春秋
坐标 《古文观止》卷三

助学小贴士

　　治水的大禹后来当了夏朝的王。他长年盘桓在山川河流间，对人与自然和谐共处之道有了初步的认识，因此定下了一条规矩：夏三月，川泽不入网罟，以成鱼鳖之长。简单来说就是夏朝有规定，夏天是禁渔期，所有人不能下网捞鱼，可是偏偏……

朗读原文

宣公夏滥(sì yuān)于泗渊，里革断其罟而弃之，曰："古者大寒降，土蛰发，水虞于是乎讲罛(gū liǔ)罶，取名鱼，登川禽，而尝之寝庙，行诸国人，助宣气也。鸟兽孕，水虫成，兽虞于是乎禁罝(jū)罗，矠(zé)鱼鳖(biē)以为夏槁(gǎo)，助生阜也。鸟兽成，水虫孕，水虞于是乎禁麛(zhǔ)䴠(lù)，设阱鄂以实庙庖，畜功用也。且夫山不槎(chá)蘖(niè)，泽不伐夭(yāo)，鱼禁鲲(kūn)鲕(ér)，兽长麑(ní)䴠(yǎo)，鸟翼鷇(kòu)卵，虫舍蚳(chí)蝝(yuán)，蕃(fán)庶(shù)物也，古之训也。今鱼方别孕，不教鱼长，又行网罟，贪无艺也。"

实时翻译

夏天，鲁宣公在泗水的深水中下网捕鱼。鲁国太史里革割破了他的渔网丢在一旁，说："按照古人的惯例，大寒以后，蛰伏在地下的动物开始活动，这时候掌管捕鱼事务的官员才会安排用鱼网、鱼篓捕大鱼，捞龟鳖、蛤蜊，拿这些到寝庙里祭祀，然后让百姓也去捕捞，这样有助于宣扬春天的阳气。春天，当鸟兽开始孕育时，鱼鳖之类已经长大，掌管捕兽事务的官员便禁止用捕兽网捕捉鸟兽，只准刺取鱼鳖制成夏天吃的鱼干，这是为了帮助鸟兽生长繁殖。当鸟兽长大，鱼鳖开始孕育的时候，掌管捕鱼事务的官员又会禁止用网眼小的渔网捕鱼，只准设下陷阱捕兽，以满足宗庙祭祀和人们食用的需要，这是为了储存物产以备日后享用。同时，还规定人们到山上不能砍伐新生的树枝，在水边不能割取幼嫩的草木，捕鱼时不捕小鱼，捕兽时留下小鹿，捕鸟时保护雏鸟和鸟蛋，捕虫时不伤害幼虫，这都是为了使万物繁殖生长，是在遵循古人的教导。现在正是鱼类繁殖的季节，您不让它们长大，还下网捕捉，真是贪得无厌啊！"

朗读原文

公闻之，曰："吾过而里革匡我，不亦善乎！是良罟也！为我得法。使有司藏之，使吾无忘谂。"师存侍，曰："藏罟不如置里革于侧之不忘也。"

实时翻译

宣公听完这些话，说："我有了过错，里革便纠正我，这不是很好吗？这是一张好渔网啊！它让我学习到了古人治理天下的方法。让主管的官吏把它好好保存起来，让我记得这一番劝谏。"有个名叫存的乐师在一旁侍奉宣公，他说："保存这个渔网，不如把里革留在身边，这样就更不会忘记他的规谏了。"

思维导图

里革断罟匡君
- 断罟：臣下断君王之罟；惊人的开头
- 匡君：助宣气；助生阜；蕃功用、蕃庶物
- 君悟：君王认识了错误；增长了知识

多思考一点

生态问题，古已有之，古人对此早有深刻的认识。保护生态环境、维护生态平衡，在现代社会也是工作中的重中之重。面对大自然的时候，我们只有做到取之有时、用之有度，才能使自然资源生生不息，取之不尽，用之不竭。

讲个故事

敢于直谏的里革

里革是鲁宣公的太史,以正直敢谏而闻名。

有一次,莒国发生内乱,莒太子仆杀了自己的父亲,带着大量财宝逃到了鲁国。鲁宣公一看到这么多财宝,立刻两眼放光,想都没想就下旨:"赏给莒太子仆一座城池,今天就办妥!"里革在路上遇到了传圣旨的人,看了看圣旨,直接给改成:"把莒太子仆驱逐出境,立即执行!"这事当然瞒不住宣公,他把里革抓来兴师问罪:"你可知假传圣旨是死罪吗?"里革大义凛然地答道:"莒太子仆杀了自己的父亲,又偷了财宝送给您,这是让您犯错误啊!我宁可死,也不能让您的声誉受损!"最终,鲁宣公认识到了自己的错误,马上放了里革。

叔向贺贫

◙ 叔向,一个喜欢拐着弯说理的人

出处	作者	创作年代	坐标
《国语》	左丘明	春秋	《古文观止》卷三

助学小贴士

　　韩宣子原名韩起,虽然不是韩氏的嫡长子,却因为哥哥略有残疾而有幸成为韩氏一族的宗主。后来,他担任晋国公卿,执政时间长达二十八年。在这二十八年里,他大肆搜刮财富,一步步壮大了韩氏一族的根基,为百年之后韩氏参与"三家分晋"奠定了坚实的物质基础。他为什么对财富有这么强的欲望呢?很可能是以前穷怕了……

朗读原文

叔向见韩宣子,宣子忧贫,叔向贺之。宣子曰:"吾有卿之名,而无其实,无以从二三子,吾是以忧。子贺我,何故?"

实时翻译

晋国大夫叔向去看望韩宣子,韩宣子正在因为自己的贫困而发愁,而叔向却向他表示祝贺。韩宣子说:"我有卿大夫的名头,却没有相应的财富,没钱跟其他卿大夫来往应酬,我因此而发愁。您为什么祝贺我?"

朗读原文

对曰:"昔栾（luán）武子无一卒之田,其宫不备其宗器;宣其德行,顺其宪则,使越于诸侯。诸侯亲之,戎（róng）、狄怀（dí）之,以正晋国。行刑不疚,以免于难。及桓子,骄泰奢侈（shē chǐ）,贪欲无艺,略则行志,假贷居贿,宜及于难,而赖武之德,以没其身。及怀子,改桓之行,而修武之德,可以免于难,而离桓之罪,以亡于楚。

"夫郤昭子（xì zhāo）,其富半公室,其家半三军,恃其富宠,以泰于国。其身尸于朝,其宗灭于绛（jiàng）。不然,夫八郤五大夫三卿,其宠大矣;一朝而灭,莫之哀也,惟无德也。今吾子有栾武子之贫,吾以为能其德矣,是以贺。若不忧德之不建,而患货之不足,将吊不暇,何贺之有?"

宣子拜,稽首（qǐ）焉,曰:"起也将亡,赖子存之。非起也敢专承之,其自桓叔以下,嘉吾子之赐。"

实时翻译

叔向回答说:"从前晋国两朝的正卿栾武子,田地都没有一百顷,家里连祭祀的器具都不齐全,但他宣扬德行,遵守法制,在各诸侯国声名远播。诸侯们都亲近他,戎狄这些少数民族也归附他,晋国也因此而安定下来。后来,他还因为执行法度没有弊病而避免了一场灾祸。到了他的儿子桓子,骄傲自大,生活奢靡,贪得无厌,无视律法,胡作非为,囤积居奇,放利聚财,原本该遭到祸难,却仰仗父亲栾武子的德行而得以善终。传到栾武子的孙子怀子这一代时,怀子不再做父亲那样的恶行了,学习祖父的德行,本可以免除灾难的;可是,由于父亲罪孽的牵连,他只能逃亡到楚国。

"再来看看那个郤昭子,财富多得抵得上半个晋国,家里的佣人都快赶上晋国三军人数的一半了,他依仗自己的财富和得宠,在晋国过着极其奢侈的生活。最后,他的尸体被在朝堂上陈列示众,宗族之人也都在绛这个地方被杀光了。要不是出了这件事,郤家有八个高官、五个大夫、三个公卿,他们所受的尊宠真是到极致了;可是一旦被诛灭,没有一个人同情他们,这就是他们没有德行的缘故!现在您有了栾武子那样的清贫,我认为您也能有他的德行,所以表示祝贺。如果您不担忧德行的缺失,却只为钱财不足而发愁,我表示哀怜还来不及,还有什么可祝贺的呢?"

宣子听了,跪下来叩头拜谢说:"我韩起将要趋向灭亡的时候,是您救了我啊。您的恩德不是我一个人能承受的,恐怕从我的祖宗桓叔以下的世世代代都要感谢您。"

思维导图

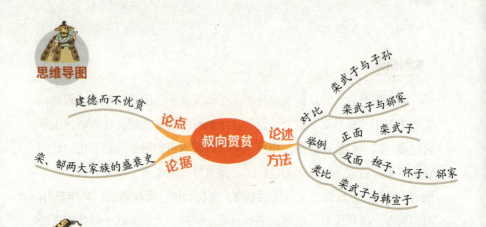

多思考一点

叔向贺贫，真正的目的是劝谏韩宣子应该建德而不忧贫。如果没有德行的支持，很可能越富有反而给自身招来的祸害越大。相反，有了德行的支持，很可能当出现祸患时也可以转危为安。所谓修身、齐家、治国、平天下，平天下这个最伟大的目标离不开修身这个基础。

讲个故事

叔向是晋平公的老师，他教训起这位学生来可是一点面子都不留。有一次，晋平公打猎射鹌鹑，鹌鹑虽中了箭却没死，眼看着要逃跑。平公赶紧让一个叫竖襄的仆从去捉，结果还是没捉住。晋平公非常生气，要把竖襄抓起来处死。叔向为此去见平公，说："您一定得杀了他。从前先王唐叔射犀牛，一箭就射死了，还拿它的皮做了一副大铠甲。现在您射个鹌鹑都没射死，让人去捉也没捉住，这多丢人啊！不杀了竖襄，难道让他满世界说去吗？"晋平公听出了老师这是批评自己没本事还迁怒于人，脸上露出了羞愧的神色，于是赦免了竖襄。

春王正月

 一问一答揭示微言大义

出处 《公羊传》
作者 公羊高
创作年代 战国
坐标 《古文观止》卷三

 助学小贴士

　　《春秋》是鲁国的官方史书。这本书中记述鲁国新君即位，都会在其即位的第一年写上"元年，春，王正月，公即位"九个字，但到隐公时却只有"元年，春，王正月"六个字。这是为什么呢？下面这篇文章将给出答案。

朗读原文

元年者何？君之始年也。春者何？岁之始也。王者孰(shú)谓？谓文王也。曷(hé)为先言王而后言正月？王正月也。何言乎王正月？大一统也。

公何以不言即位？成公意也。何成乎公之意？公将平国而反之桓。曷为反之桓？桓幼而贵，隐长而卑。其为尊卑也微，国人莫知。隐长又贤，诸大夫扳隐而立之。隐于是焉而辞立，则未知桓之将必得立也。且如桓立，则恐诸大夫之不能相幼君也。故凡隐之立，为桓立也。隐长又贤，何以不宜立？立適(dí)以长，不以贤；立子以贵，不以长。桓何以贵？母贵也。母贵，则子何以贵？子以母贵，母以子贵。

实时翻译

"元年"是什么意思？是指君王即位的第一年。"春"是什么意思？是指一年中最开始的季节。"王"是指谁？是指周文王。为什么先说"王"再说"正月"？因为是周王颁布的历法确立了正月。为什么要说"王正月"？这是要表明天下一统了，各地都要实施周王的政令。

记述鲁隐公的时候为什么不说即位呢?是为了成全隐公的心愿。为什么说要成全隐公的心愿?因为隐公原本就打算把国家治理好后将政权还给鲁桓公。为什么要还给桓公?因为桓公虽年幼但出身尊贵,隐公虽年长但出身卑贱。这种身份的尊卑区别很小,百姓们都不了解。隐公年长又贤明,鲁惠公死后诸大夫都拥戴他为国君。隐公如果在这时辞让国君之位,桓公能不能即位还不知道呢。况且,桓公即使即位,也担心大夫们不能用心辅佐年幼的君王。所以,隐公摄政,全是为了让桓公即位。既然隐公年长又贤明,为什么不宜立为国君呢?因为立正妻所生的儿子为国君时,只看长幼顺序,不管是否贤明;立媵妾所生的儿子为国君时,只看尊贵的等级,不看长幼顺序。桓公为什么尊贵?因为他的母亲尊贵。母亲尊贵,为什么儿子也尊贵?就是这样,儿子因母亲尊贵而尊贵,母亲又因儿子尊贵而尊贵。

思维导图

作者信息

姓　　名：公羊高（传说是此人）
生卒年：战国
籍　　贯：大概是齐国
成　　就：为解析《春秋》而作《公羊传》，传五世，至西汉景帝时被立为官学。

多思考一点

在封建社会的宗法制度下，长幼尊卑常常能够决定一个人的命运，也常常成为限制个人发展的桎梏。当今社会同样存在着一些限制个人发展的隐性障碍，但我们绝不能向命运低头，要以"我命由我不由天"的精神和命运斗争！

讲个故事

隐公后传

隐公（名息）成年后，他的父亲鲁惠公打算给他娶一个妻子。结果惠公见未来儿媳妇貌美，就把她纳为自己的妾，还和她生了一个儿子，名叫允，就是后来的桓公。所以隐公和桓公虽为兄弟，年龄却差出一大截。王位本该是公子允的，但因他年幼，隐公只好代为摄政，这一干就是十几年。有一天，大臣公子挥来见隐公，主动提出替他杀了公子允，条件就是让自己当太宰。隐公自然没同意。公子挥心想：这事要是被公子允知道了，自己还能活命吗？得想个办法……有了，恶人先告状！公子挥跑去对公子允说："息想杀了您，自己继续做国君。"并说愿意替公子允去杀了隐公。公子允信以为真，就同意了。就这样，善良的隐公惨死在了恶人公子挥手里。